Christian Teissl **Umkreisungen des Namenlosen**

Christian Teissl

Umkreisungen des Namenlosen

Gedichte

echter

*Im Einfachsten liegt
das größte Geheimnis.*

Romano Guardini

I.

Wege und Zeichen

Elf lyrische Paraphrasen
auf Romano Guardinis Schrift
„Von heiligen Zeichen"

Das Kreuzzeichen

Lange ähnelte ich einem Haus
in das niemand eintreten konnte –
alle Schlüssel waren verlorengegangen
alle Türschlösser waren zerbrochen
und alle Fenster vermauert

Eines Tages
als längst niemand mehr
den Versuch unternahm
mich aufzuschließen
und in mir Wohnung zu nehmen
befreite sich meine rechte Hand
aus der Erstarrung
in der ich lebte
und berührte
langsam unendlich langsam
meine Stirn meine Brust
meine Schultern

So öffnete ich mich
zum ersten Mal seit vielen Jahren –
mit allen meinen Gedanken
allen Fasern meines Leibes bereit
Licht Wort und Brot
zu empfangen –
und so schloss ich mich
nach einer Weile
langsam und mit Bedacht
wieder ab

Die Hand

Lange Jahre
sprachen meine Hände
verschiedene Sprachen

Sagte die eine: „Gib! Streue aus!"
so sagte die andere: „Nimm! Sammle ein!"
Ballte der Zorn mir die eine zur Faust
so verwandelte im selben Augenblick
eine namenlose Angst mir die andere
in eine Maske die ich mir schützend
vor mein Gesicht hielt

Als ich es endlich müde wurde
dem Streit meiner Hände
ihrer Rede und Widerrede
Beachtung zu schenken
verstummten sie plötzlich
fielen in ein gemeinsames Schweigen
falteten und verschränkten sie sich
ineinander
wurde eine der anderen Ursprung
und Mündung
und alles Leichte und Schwere
das mich begleitet hatte
tagein- und tagauswärts
war aufgehoben
in ihrer undurchlässigen Stille

Das Knien

In der großen Dürre
die unsere Blicke versteppen ließ
und jedes unserer Worte
in Wüsten verwandelte
träumten wir
noch im seichtesten Schlaf davon
eine Quelle zu sein im Gebirge
an der alle jene
die fieberhaft nach uns suchen
wie nach einem vergrabenen Schatz
Rast finden und ihren Durst stillen könnten

Wieder erwacht
weigerten wir uns hinauszugehen in die Dürre
und einander dieselben
Wüstenworte zu sagen
wie in den Tagen davor
beugten wir einer nach dem anderen
vor Dir die Knie
der Du in Deiner Weite und in Deiner Fülle
alles Land birgst aus dem wir entspringen
und alles Meer in das wir münden

Das Schreiten oder Der Pilger

Langsam unendlich langsam
setzt er Schritt vor Schritt
Einsam unsagbar einsam
wandert er von Nacht zu Nacht
Ohne Unterlass
hält er Ausschau
nach einem Menschen
dessen fremde Gestalt
sich löst aus dem Dunkel
der ihm entgegentritt
ihm Gegenwart ist
ein paar Wegstunden lang
und ihm zum Abschied
im frühen Licht
ein Wort – ein einziges nur –
wie Saatgut in sein Gedächtnis streut

ein Wort das ihm Wohnung ist
unterwegs
Unterschlupf und Asyl
das ihn nährt
wenn er es ausspricht
das ihn wärmt
wenn er es weitergibt
an viele andere
deren Gestalten
sich aus dem Dunkel lösen
und die seinen Weg
geschwisterlich mit ihm teilen

Die Stufen

Von Geburt an
bewohnten wir den Grund
eines ausgetrockneten Meeres
und gelangten darin an kein Ende
an keinen Anfang

Nacht für Nacht
hörten wir seine längst
verschollene Brandung
Tagsüber
wateten wir durch den Staub
der alles bedeckte
alles durchdrang und erfüllte
was wir taten und ließen
was wir gaben und nahmen

Eines Tages aber
war es unseren Kindern vergönnt
im Staub einen Stein zu entdecken
der einem kleinen Brotlaib glich
und eine Blume
die unverwelkt war
und von da an hatten unsere Tage
andres Gewicht eine andere Farbe
und eine andre Gestalt

Vierzig Jahre lang suchten
und fanden wir
mit den Augen unserer Kinder
schichteten wir Stein auf Stein
Blume auf Blume
und errichteten
Stufe um Stufe
einen Hügel ein Riff
eine Zuflucht für jedermann
hoch über dem Staub
mit Wänden aus Wind
und Fenstern aus Licht

Die Pforte

Unbehauste vor verschlossenen Häusern
Abgewiesene vor verriegelten Ländern
kamen wir nach mancher Irrfahrt
nach langer vergeblicher Suche
vor Deine Pforte
hinter der wir unsere letzten Hoffnungen
aufbewahrt wussten seit jeher

Wir glaubten sie so verschlossen
wie alle anderen Tore und Pforten
und als wir bemerkten
dass sie unversperrt war und uns offen stand
zögerten wir
über die Schwelle zu treten

Wie gelähmt wie zu Stein erstarrt
standen wir da
und es brauchte lange
bis wir uns lösten
aus unsrer Versteinerung
und endlich hören konnten
was Deine Pforte uns zurief:

„Kommt und durchschreitet mich!
Macht euch frei von allem
was eng und was ängstlich ist!
Werft ab was euch niederdrückt!
Weitet die Brust
und hebt eure Augen!"

So ließen wir
was wir gewesen waren zurück
vertauschten das Licht dieses Tages
mit dem Licht aller Tage
gingen durch die Pforte hindurch
als wäre sie unser Tod
und erwachten dann
in Deiner Gegenwart
zu neuem Leben

Die Glocken

Verlorengegangen
in einem Waldlabyrinth
fiel ich nach vielen
vergeblichen Schritten
einem blinden
schwerfälligen Schlaf
in die Arme

Erst eure Stimmen
befreiten mich
aus seiner sanften
Umklammerung
entriegelten mir
Gehör und Gesicht

Eine unbenennbare Sehnsucht
stieg in mir auf
als ich eure Stimmen vernahm
und so begann ich zu laufen
lief und lief
strauchelte stand wieder auf
und lief weiter

Nach vielen Atemzügen
sah ich den Ausgang
des Waldlabyrinths dicht vor mir –
einige Schritte noch
und ich stand
in eurem durchsichtigen Schatten
und war ganz erfüllt
von eurer Gegenwart
in die ich eintrat
wie in eine Erinnerung

Die Kerze

Aus einem Wachs geformt
das mir die Stimme versiegelt
steht sie im Raum
unberührt und herausgehoben
aus allem was Tag ist und Stunde

Sie erinnert mich
an die Königskerzen meiner Kindheit
und bedeutet mir
durch ihre Art aufzublühen im Zwielicht
dass sie bereit ist
sich für mich wie für jeden
in Licht und in Glut zu verwandeln
für mich wie für jeden
der sich ihr anvertraut
einen Weg zu bahnen
auch durch die undurchdringlichste
Dunkelheit

Die Flamme

In der Unrast der Flamme
finde ich Rast
in ihren unentwegten Verwandlungen
komme ich endlich zur Ruhe

In manchen Nächten
erscheint sie mir wie ein Spiegel
durch den Du mich ansiehst
mich durchschaust
meine Blicke reinigst
und wieder auffüllst
mit neugeborenem Licht

Licht und Glut

Du kleidest uns
mit Deinem Licht
stellst uns Tag für Tag
und Stunde für Stunde
in Deinen bergenden Schatten
gibst Dich uns preis
als das größte aller
Geheimnisse

An welchen Ort wir auch kommen
Du kommst uns entgegen
Wie viele Orte und Landschaften
Häuser und Menschen
wir auch verlassen müssen
Du bleibst in ihnen zurück
und erhältst sie am Leben

Auf winterlicher Wanderschaft
kehren wir eines Nachts
in ein fremdes Haus ein
das weithin sichtbar
auf einer Kuppe steht
niemandem zu gehören scheint
und jeden beherbergt
der Herberge sucht

In seinen Mauern wärmen wir uns
gemeinsam mit Menschen
denen wir noch nie begegnet sind
an Deiner Glut
teilen mit ihnen
die aus anderen Tagen und Jahren
herstammen als wir
und anderswohin unterwegs sind
eine Nacht hindurch
die länger ist als alle anderen Nächte
Dein unerschöpfliches Licht

Brot und Wein

In der Stunde
in der Du das Brot mit uns brachst
und den Wein mit uns teiltest
Deinen Leib und Dein Blut
wurden Himmel und Erde
ununterscheidbar

Die Meere kamen zu sich
und entdeckten das Salz
in all ihren Wellen
Der Stein die Ähre der Fisch
nahmen neue Gestalt an
Staubkorn und Grashalm
verwandelten sich
in einen Lobgesang
auf Deine Gegenwart
und Deine Wiederkehr

Seit jener Stunde
trägt jedes Jahr reiche Frucht
wird alles Verborgene offenbar
alles Undurchdringliche
Weg und Ziel
alles Unüberwindliche
überwunden

Unsre gesammelte Mühsal
wird zu einer Taube
die weit vorausfliegt
und mit dem Ölzweig im Schnabel
zu uns zurückkehrt

Unser nahendes Ende
verkehrt sich in einen Anfang
in dem wir unzählbar viele
und zugleich einer sein werden
namenlos nackt ohne Furcht

Hellwach werden wir stehen
vor leeren Gräbern
der Tod wird alle seine Gesichter
verloren haben
und nichts mehr sein
als ein Vorübergehender
ohne dauernden Aufenthalt

II.

Der Menschensohn

**Elf Gedichte
nach dem apokryphen
Thomas-Evangelium**

*Ich werde zu Dir reisen, Herr,
durch tausend schwarze Gassen.
Durch Mauern aus Stein
willst du mich zu Dir führen.*

Thomas Merton, Zwiesprache der Stille

1

Jesus sprach:
Wenn die, die euch (ver)führen, zu euch sagen:
Siehe, das Königreich ist im Himmel,
so werden die Vögel des Himmels vor euch dort sein.
Wenn sie euch sagen: Es ist im Meer,
so werden die Fische euch zuvorkommen.
Inwendig in euch ist das Königreich
und außerhalb von euch.
Wenn ihr euch erkennt,
dann werdet ihr erkannt werden,
und ihr werdet wissen, dass ihr die Kinder
des lebendigen Vaters seid.
Wenn ihr euch aber nicht erkennt,
dann seid ihr in Armut,
und ihr seid die Armut.

(Logion 3)

    Als wir bemerkten
    dass alle Wegweiser und
    alle Windrosen uns
    in die Irre führten
    lagen wir viele Nächte lang wach
    lauschten dem Pochen
    in unseren Schläfen
    und vergaßen dabei
    für einen Augenblick

alle Himmelsrichtungen
die man uns beigebracht hatte
von klein auf
tauchten in eine Stille ein
in der unser Atem nichts war
als eine langsam sich glättende Welle

Wieder aufgetaucht
staunten wir über die Biographie
einer Wolke die strahlend weiß
aufgeblüht war in der Morgensonne
tagsüber sich verwandelt hatte
in viele Dinge und Wesen
und noch ehe die Nacht hereinbrach
wieder verwelkt war
freuten uns über jede Sekunde
die uns zwischen den Fingern zerrann
ohne Wunden zu hinterlassen
und fanden alle Weisheit der Welt
in den Augen unserer Kinder

2

Seine Jünger sagten:
Wann wirst du uns erscheinen,
und wann werden wir dich sehen?
Jesus antwortete:
Wenn ihr euch nicht mehr schämt
und eure Kleider nehmt
und sie unter eure Füße legt
und darauf tretet.
Dann werdet ihr den Sohn
des Lebendigen sehen,
und ihr werdet ohne Furcht sein.
(Logion 37)

    Seit wir mit Erwartungen
    wie mit Blindheit geschlagen sind
    ist uns als lägen wir
    unter einem Gebirge verschüttet
    als wären wir unauffindbar geworden
    Verschollene unter Verschollenen

    Jeden Morgen kleiden wir uns
    in Ungeduld
    jeden Abend betrachten wir
    im Spiegel unsere nackte Angst
    und träumen in vielen Nächten davon
    durch Klopfzeichen endlich geweckt
    und geborgen zu werden

Eines Morgens aber
hebt einer von uns
ohne einen Gedanken zu fassen
ohne ein Wort zu verlieren
das Gebirge hinweg
unter dem er verschüttet war
und wirft alle Ungeduld
weit von sich

Ohne Scham ohne Furcht
steht er da
in nichts mehr gehüllt
als in seine Zuversicht
und geschmückt nur noch
mit dem Abglanz des Himmels
in seinen Augen

3

Jesus sprach:
Werdet Vorübergehende!
    (Logion 42)

    Alle unsere Blicke
    suchen das Weite
    und mit jedem Schritt
    nehmen wir Abschied
    von den Dingen die einst
    – vor vielen Jahren –
    unser Erbteil gewesen sind

    Was wir in der Fremde auflesen
    streuen wir in den Wind
    was wir einsammeln mit beiden Händen
    schenken wir weiter

    Von Aufbruch zu Aufbruch
    bleibt uns nichts
    als unser Schatten
    als Schlaf und Erwachen
    als Bewegung und Ruhe
    in Seinem Namen
    und die Erinnerung
    an Seine Zukunft

4

Seine Jünger sagten zu ihm:
An welchem Tage wird die Ruhe der Toten kommen?
Und an welchem Tage kommt die neue Welt?
Er sprach zu ihnen:
Die, auf die ihr wartet, ist schon gekommen,
aber ihr habt sie nicht erkannt.

(Logion 51)

Vielen Menschen
die für dich namenlos blieben
bist du begegnet
hast in vielen Gesichtern gelesen
und niemals gezögert
fremde Blicke die vor deinen Augen
ins Leere gefallen waren
aufzunehmen in dein Gedächtnis

Einem Menschen aber –
er ist dir gegenübergesessen
an einem Nachmittag im April
in der Straßenbahn
sein Gesicht glich einer einzigen
großen Verwundung
seine Hände lebten ihr eigenes Leben
flatterten wie Schmetterlinge
ruhelos auf und ab –

gewährtest du keinen Einlass
in deine Erinnerung
hieltest seinem Anblick nicht stand
kamst mit seiner Gegenwart
nicht zurande

In der großen Verwundung
die sein Gesicht war
und in der großen Stummheit
die seine Stimme war
wärst du vielleicht
an ein Ende gekommen
mit all deinen Fragen
und hättest erfahren
ob du die Schwelle
vor der du dich fürchtest
und nach der dich verlangt
bereits überschritten hast

5

Jesus sprach:
Wer die Welt erkannt hat,
der hat einen Leichnam gefunden.
Und wer einen Leichnam gefunden hat,
dessen ist die Welt nicht wert.
(Logion 56)

Aus deinem Spiegelbild
trat ein Fremder an dich heran
fügte deine Sprache
die zu Bruch gegangen war
am Zorn und an den Verdächtigungen
deiner Nachbarn
wieder zu einem Ganzen
vollendete alles
was du begonnen hattest
gegen die Widerstände der Welt
träumte die Träume zu Ende
die dir entfallen waren
durchquerte mit dir
alle Kontinente des Todes
und zog mit dir dann
in ein Leben
nach dem du unterwegs warst
von allem Anfang an
dessen Ort aber namenlos ist
und in keiner Landkarte verzeichnet

6

Der Menschensohn

Er entdeckt dich
während du nach ihm suchst
nennt dich bei deinem Namen
hüllt dich in Seine Gegenwart ein
begleitet dich
von Fischgrund zu Fischgrund
von Wüste zu Wüste

Unterwegs
teilt Er dein Brot mit dir
und deine Angst
deine Freude und dein Entsetzen
kommt dir abhanden
mit dem ersten Stein den du wirfst
und mit dem Wind den du säst
taucht aus der Stille auf
die du erntest in Tagen und Jahren
tritt dir aus Nächten entgegen
in denen du Zuflucht findest
aus fremden Träumen
in denen du dich verirrst
sieht dich an
wenn der Morgen graut
und löscht mit seinen Blicken
die Narben von deiner Haut

7

Jesus sprach:
Selig ist der Mensch, der gelitten hat –
er hat das Leben gefunden.

(Logion 58)

Als wir uns krümmten
vor Schmerz
krümmte Er sich in uns

Als wir unsere Stimme verloren
erhob sich Seine Stimme in uns

Als uns Lähmung befiel
und uns fesselte
an unser Krankenlager
brach Er für uns auf
ging an unserer statt
hinaus in den Tag

Als wir keinen Schlaf mehr fanden
gab Er uns von Seinem Schlaf
und als unser Gedächtnis einstürzte
und nicht mehr bewohnbar war
da nahm Er uns auf
in Sein Gedächtnis

8

Jesus sprach:
Zeigt mir den Stein,
den die Bauleute verworfen haben!
Er ist der Eckstein.
(Logion 66)

Der Wassertropfen
den wir nicht erkannten
als den einzigen
der uns zubestimmt war
den wir ahnungslos fallen ließen
auf die durstige Erde
kehrt nun
da wir wohnen im Wüstenwind
als Ozean zu uns zurück
weitet unsere Augen
und beschenkt uns
mit seinem Salz

Der Stein
den wir nicht erkannten
als den einzigen
der uns zubestimmt war
den wir uns
für unsere langen Wege
tagein- und tagauswärts
nicht aufbürden wollten

steht nun als hohes Gebirge
wieder vor uns
nimmt uns auf
wie den Regen
schließt uns ein in sein Dunkel
und bringt uns ans Licht
mit den ersten Blüten
des Frühjahrs

9

Jesus sprach:
Viele stehen vor der Tür,
aber nur die Einsamen werden
ins Brautgemach treten
<small>(Logion 75)</small>

    Eines Tages
    als ich nichts mehr war
    als ein ins Leere gesprochener Name
    als eine Maske
    vor einem fremden Gesicht
    nahm ich alle Entfernungen
    die ich zurückgelegt hatte
    seit meiner Geburt
    bündelte sie
    stellte sie zwischen mich und die Welt
    und trat ins Namenlose hinaus

    Dort kam mir Tag für Tag mehr
    meine Sprache abhanden
    bis ich nur noch Auge und Ohr war
    nur noch Atem und Pulsschlag –
    Sprachlos und staunend
    kreuzte ich die Wege
    vieler Lebender und vieler Toter
    die meiner nicht achteten
    und erlernte so mit der Zeit
    das Alphabet der Berührungen

Eines Nachts hörte ich
zum ersten Mal nach langen Jahren
eine fremde Stimme
nach mir rufen
und spürte wie alle Einsamkeit
alle Verlassenheit
die sich angesammelt hatte
in meinen Adern
in meinen Augen
und in meinem Herzen
mich verließ
und mir vorauseilte
in einen sperrangelweit
offenen Morgen

10

Jesus sprach:
Spaltet ein Holz: Ich bin da.
Hebt den Stein auf,
und ihr werdet mich dort finden.
(Logion 77)

In klirrender Kälte
ahntest du
Seine Gegenwart
als du mit klammen Händen
ein Holzscheit spaltetest
und plötzlich
eine große Helligkeit über dir
durch das Blattwerk
vielstöckiger Bäume sickerte
und die Vögel des Waldes
mit ihrem Gesang
alle Arten von Grün
miteinander versöhnten

In sengender Hitze
suchtest du nach einem
schattigen Platz
an der Quelle
fandest einen Stein
glatt glänzend und farblos

hobst ihn auf
und entdecktest darunter
ein Zeugnis für Seine Gegenwart:
einen Fußbreit
unversehrt leuchtendes Grün

11

Jesus sprach:
Das Königreich des Vaters gleicht einer Frau,
die einen Topf voller Mehl trägt
und einen weiten Weg zu gehen hat.
Der Henkel des Topfes zerbrach, und das Mehl
rieselte hinter ihr auf den Weg,
ohne dass sie es merkte.
Sie wusste nichts von ihrem Missgeschick.
Zu Hause angelangt, setzte sie den Topf ab
und fand ihn leer.

(Logion 97)

Randvoll mit Licht war der Sommer –
wir ernteten es viele Tage lang
unter sengender Sonne
und trugen es heim in den Herbst
mit unseren Augen

Der Weg war weit
und auf halber Strecke
kam uns ein unbarmherziger
frostiger Wind entgegen
rieb uns Sand und Staub in die Augen
goss Finsternis über uns aus

Wir aber die wir den Sommer
noch in allen Gliedern spürten
gingen wie Schlafwandler
unseres Weges

Zuhause angekommen
waren unsere Augen
wie leer geplündert
und wo vor wenigen Tagen
blühendes Licht gewesen war
wucherte Tränensalz

III.

Umkreisungen des Namenlosen

**Elf Skizzen
zu einem Lobgesang**

*Es ist Deine Träne,
die mein Auge weint,
und Dein der Kummer,
der mein Herz verzehrt.*

Isaac Schreyer, Psalm des einfachen Mannes

1

Viele Worte habe ich
wie im Fieber
gedreht und gewendet –
Dein Name war nicht darunter

Vielen Menschen bin ich begegnet
auf meinen Wegen von Steppe zu Steppe
kein einziger aber verstand es
von Dir zu erzählen

Vielen Nächten bin ich
auf ihren Grund gegangen
und habe dabei nichts entdeckt
als einen weiteren Morgen

Viele Sonnen und viele Monde
habe ich auf- und untergehen gesehen
und bin Dir dabei
doch nicht nähergekommen

Viele Schatten sind auf mich gefallen
doch keiner ist bei mir geblieben
um sich unter meinen Lidern
in Licht zu verwandeln

Durch viele Flüsse bin ich gewandert
vielen Strömungen hab ich mich anvertraut
doch war ich als ich an fremdes Land ging
noch immer derselbe

Viele Hände haben mich berührt
keine Berührung aber vermochte es
mir die Zunge zu lösen
und meine Sehnsucht zu stillen

2

Eines Tages
blendete mich Dein Licht
und ich ging in den Schatten

Eines Nachts
lastete Deine Dunkelheit schwer auf mir
und ich erinnerte mich vieler heller Tage
im Sommer

Eines Morgens
hoffte ich auf Deine Sonne
doch ging sie nicht auf

Eines Abends
hoffte ich auf Deine Sterne
doch blieben sie hinter qualmigen
Wolken verborgen

Tag für Tag
erschrak ich tiefer
bei dem Gedanken dass Du in allem bist
anwesend
abwesend
schrecklich und schön

Eines Tages aber
blickte ich in den Spiegel
und da erkannte ich
dass mein Spiegelbild mehr von Dir weiß
als ich selbst
dass es frei ist von Angst
und sich in jeder Sekunde
seit meiner und seiner Geburt
danach sehnt
Dich zu spiegeln

3

An diesem Morgen
warf mir die Sonne
ein großes Kreuz
in mein Zimmer

Es war ganz aus Schatten
Niemandem war es auferlegt
niemand musste es tragen

Von Licht eingerahmt
stand es zwischen mir
und dem Tag den ich
draußen in den Straßen wusste
hinter fremden Fassaden
und vor fremden Bildschirmen
in vielen hellwachen Gesichtern
in Worten gesprochen wie aus dem Schlaf

So stand es bei mir
stand mir bei und bevor
wies mir eine Richtung
eine einzige
quer durch alle Mauern die mich umgaben
alle Gehege alle Umzäunungen
quer durch alles Nicht-mehr und Noch-nicht
in ein Offenes
hinter dem sich nichts andres verbirgt
als immer neue
immer größere Öffnungen

Im gleißenden Mittag schließlich
verschwand es
und ließ mich allein
mit allen Stunden
die auf mich zukommen
den Wegen die mir verborgen bleiben
mit den Botschaften die mich erreichen
der Schuld der ich nicht entkomme
und der Hoffnung
die jemand von dem ich nichts weiß
mit mir teilt

4

Abends
in einer fremden Stadt
lenkte ich meine Schritte
in Dein oftmals verkauftes
Dein zerstörtes und wieder-
errichtetes Haus

Dort sah ich
viele fremde Menschen
Männer und Frauen
verschiedener Sprache
und Herkunft
sah sie schweben
und knien und stehen
und wieder das Gehen
erlernen

Ich mischte mich unter sie
und war eine Stunde lang
nichts als ihr Bruder
ehe ich wieder
aus Deinem Haus
ins Freie trat
und sicheren Schritts
der Nacht
entgegenging

5

Viele Jahre
war der traumlose Schlaf mein Zuhause
und verbarg mich vor aller Welt
Du aber schlugst eines Tages
eine breite Bresche
durch meinen Schlaf
öffnetest mir die Augen
die Ohren
überschüttetest mich
mit Licht und Schatten
umgabst mich
mit fernen und nahen Gesängen
dem leisen Geflüster von Liebenden
den Rufen Verirrter
umstelltest mich
mit den Stimmen Aufbegehrender
den Seufzern von Sterbenden
den Schreien von Neugeborenen

So holtest du mich
aus meiner Totenstarre
ins Leben zurück
und verwandeltest alle Antworten
an denen ich oftmals zugrunde gegangen war
in neue Fragen –
Fragen die mir seither
in der Gestalt jeder Wolke begegnen
in jedem Menschen
der mich ansieht
jedem Lichtstrahl
der meine Haut berührt
jeder Spur der ich folge
ohne zu wissen wohin
und jeder Stunde
die sich ausdehnt
ins Unermessliche

6

Die Wege
die ich gehen wollte
versperrtest Du mir –
Jetzt weist du mir
andere Wege

Die Häuser
in die ich einziehen wollte
brachtest Du zum Verschwinden –
Jetzt erbaust du mir
andere Häuser

Die Stunden
die ich Dir schenken wollte
verwandelst Du für mich
in eine Jahreszeit
die ohne Anfang ist und ohne Ende

Und der Augenblick
in dem Du mich annimmst
und aufnimmst bei Dir
birgt mein Ende in sich
und meinen Beginn

7

Irgendwann
werde ich alles
verloren haben
und Dich wiederfinden

Irgendwann
wird ein Schmerz
in meinen Körper einziehn
und ihn nicht mehr verlassen
doch Du wirst bei mir sein
wirst nicht die Flucht ergreifen
vor dem steinernen Ausdruck
in meinem Gesicht
wirst mir erzählen
von den Regenbögen meiner Kindheit
von den Träumen aus denen
ich damals erwachte –
ein Bündel aus Angst
und blindem Erschrecken

Dann wirst Du
mit mir hinausgehen
in einen endlosen Sommer
wirst meinen Schmerz
bei seinem Namen nennen
und er wird von mir lassen
wird mit Dir ziehen
und mit Dir gemeinsam
das Weite suchen

8

Als wir zu Dir kamen
bei Sonnenaufgang
stand Deine Tür
sperrangelweit offen

Als wir eintraten
begegneten wir einem Fremden
der uns ansah aus traurigen Augen
und unsere Sprache nicht teilte

Wir erkannten ihn nicht
hielten ihn für einen Eindringling
und verjagten ihn auf der Stelle
aus Deiner Wohnung

Dann verriegelten wir die Tür
vermauerten alle Fenster
um Deine Wohnung
vor fremdem Zugriff zu schützen

Seither bewohnen wir
Deine Abwesenheit
kauern schweigend im Dunkeln
und hoffen auf Deine Wiederkehr

9

Du
mit keinem Namen zu nennen
Du
mit keinem Auge zu schauen
Du
mit keiner Hand zu erfassen
Du
mit keinem Verstand zu begreifen
Du
auf keinem Weg zu erreichen
auffindbar aber auf allen Wegen der Welt
Du
durch nichts zu beweisen
erahnbar aber in allem was lebt und was stirbt
Du
der Du über und unter uns bist
in uns und außer uns
vor uns und nach uns
mit uns und ohne uns
Du:
Namenloser
den wir umkreisen
und der uns umkreist
den wir rufen
und der uns ruft
den wir suchen
und der uns aufspürt
wenn wir verlorengegangen sind

10

Jemand öffnet ein Fenster
und sieht Dich
Jemand tritt vor die Tür seines Hauses
und hört Deine Stimme im Wind
Jemand läuft durch den Regen
und atmet Dich ein
Jemand arbeitet Tag für Tag
in der Hitze des Sommers
und spürt Dich abends
als kalten Wasserstrahl auf seiner Haut

Jemand lernt eine andere Sprache
und entdeckt darin neue Namen
die er Dir geben kann
Jemand wandert aus in ein anderes Land
und lernt dort andere Arten
Dich zu umkreisen
an Dir zu zweifeln
und zu Dir zu sprechen
Jemand flüchtet vor einem Verfolger
und erkennt Dich wieder
im Gesicht der Frau
die ihn bei sich aufnimmt
ihm Unterschlupf gibt ihn verbirgt
vor den feindlichen Blicken

Jemand taucht in den Schmerz ein
und entdeckt Dich am Grunde des Schmerzes
Jemand hüllt sich in seinen Zorn
und wird von Dir dennoch erkannt
Jemand verschenkt seine Träume
Du teilst die Deinen mit ihm
Jemand verschwendet sich ganz
verschenkt sich an jeden Tag jede Stunde
Du machst Dich ihm
in der Stille die jenseits der Uhren ist
zum Geschenk

Jemand streut sich aus
über Länder und Meere
Du sammelst ihn ein
Jemand zerbricht an den Widerständen der Welt
Du fügst die Splitter wieder zu einem Ganzen
Jemand erlischt in der Kälte die ihn umgibt
erlischt immer wieder aufs Neue
Du aber wirst nicht müde
die winzige Glut die noch in ihm ist
immer wieder und wieder
neu zu entfachen

11

Seit Dein Wort in der Welt ist
als Quelle und Mündung
als Sturm und als Stille
seit es uns Licht und Schatten spendet
uns ein Dach ist über dem Kopf
und ein sicherer Grund
unter unseren Füßen
verwandelt es ohne Unterlass
Wasser in Wein
Nacht in Tag
Steine in Brote
Wüsten in Weinberge
dürre Zweige in blühende Zweige
tote erkaltete Blicke in neugeborene

Seit es in der Welt ist
zehren wir von Deinem Wort
wenn wir schlafen und wenn wir wachen
wenn wir in uns und wenn wir außer uns sind

Kehren wir ihm den Rücken
und suchen wir Zuflucht
in unseren Spiegelbildern
im Stückwerk hohler Stunden
so verlässt es uns nicht
durchquert immer wieder aufs Neue
unsere Träume und unser Denken
unsere Unrast am Morgen
und unsere Müdigkeit abends

Keine unserer Sprachen
vermag Dein Wort zu umschreiben
kein Schweigen es zu ergründen
Ebbe und Flut
sprechen es aus
Hitze und Kälte
schreiben es uns auf die Haut
die Tiefsee und die hohen Gebirge
zeichnen es in das Antlitz der Erde ein
die Winde entreißen es uns
und beschenken uns
mit seinem Echo

Aus Sonnen und Monden
formt es sich Tag für Tag
Jahr um Jahr
ohne Unterlass spricht es sich aus
meint einen jeden von uns
umfasst uns alle
und vereint uns
zu einem Fleisch einem Blut
vom Anbeginn bis ans Ende der Welt

Himmel und Erde
das Harte und Weiche
das Sanfte und Zornige
die Saat und die Ernte
sind in ihm enthalten

Deine Gegenwart
und Deine Zukunft
und die Schwelle
die wir überschreiten
um uns selbst
alle Ferne und alle Nähe
alle Wege und alle Ziele
für immer zurückzulassen
und einzutreten
in Deinen Frieden

Statt eines Nachworts

**Kleiner Versuch
einer Standortbestimmung**

I.

Gedicht und Gebet

Gebete überschreiten die Grenzen der Sprache; sie sind mehr als nur eine Summe von Worten und Sprechakten, Gesten und Gebärden. Ob sie nun spontan und in Einsamkeit verrichtet werden oder aber nach langer Vorbereitung und in Gemeinschaft, immer ereignen sie sich als zeichenhafte Handlung und stiften reine, ausgedehnte Gegenwart. Die vorliegenden Gedichte hingegen können keinen vergleichbaren Anspruch erheben; sie setzen keine Handlungen, sondern imaginieren sie, schöpfen dabei aus vielerlei Erinnerung, skizzieren Sehnsuchtsbilder und Glaubenskrisen, Wege, Irrwege und Umwege. Sie sind Wort für Wort und Vers für Vers bekenntnishaft, legen Bekenntnis ab, tun dies allerdings, bis auf ganz wenige Ausnahmen (wie etwa das neunte Gedicht des abschließenden Zyklus) nicht mit den Mitteln der oratio, der Anrufung und Preisung, sondern vielmehr denen der narratio, der bisweilen gleichnishaften Darstellung und Schilderung, und gerade dieser erzählende Charakter ist es, der sie deutlich vom Gebet unterscheidet. Hinzu kommt ein weiterer, grundlegender Unterschied: Wer betet, spricht, ob allein oder getragen von einer Gemeinschaft, immer mit der eigenen, der ureigenen Stimme; das Gedicht hingegen erlaubt es einem, mit vielen verschiedenen Stimmen zu sprechen, fremden wie vertrauten. So bin auch keineswegs ich selbst es, der in den vorliegenden Gedichten vernehmbar ist und sich mitteilt, sondern ein lyrisches Ich und ein lyrisches Wir erheben darin abwechselnd ihre Stimmen. Ihnen habe ich manches von dem, was mein Glaube mir im Laufe der letzten Jahre gegeben hat und was ich ihm meinerseits schuldig geblieben bin, anvertraut und aufgebürdet, und so können sie jetzt im Raum dieser Gedichte für mich sprechen und Umschau halten, für mich atmen und schweigen.

II.

Im Namen des Namenlosen?

Theodor Haecker schreibt in seinen „Tag- und Nachtbüchern": „Der religiöse Mensch will den Gott, dem er zu dienen hat und der ihm hilft, mit Namen kennen und nennen. (...) Der Christ kennt die Namen Gottes: Vater, Sohn und Heiliger Geist. (...) Gott ist nach Seiner Offenbarung Vater, Sohn und Geist. Es gibt nichts Eindeutigeres, Allgemeinverständlicheres, Unverwechselbareres, in seinem Sein und Sinn Unveränderlicheres."
Obwohl ich mich in der christlichen Tradition existenziell verwurzelt und beheimatet weiß und die vorliegenden drei Gedichtkreise in ihrer Bildlichkeit und ihrem sprachlichen Gestus unverkennbar christliche Dichtung sind, hat sich mir während meiner Arbeit an ihrem Vers- und Satzbau von den drei christlichen Gottesnamen lediglich der zweite, der mittlere Name erschlossen (nicht von ungefähr ist dem Sohn, dem Gottes- und Menschensohn, der gesamte mittlere Zyklus gewidmet). Die Worte „Gott", „Gottvater" und „Heiliger Geist" hingegen entziehen sich mir, sobald ich meine lyrische Werkstatt betrete. Das Handwerk, dem ich dort nachgehe, besteht im Wesentlichen aus einer Suchbewegung, ist ein Suchen und Finden von Öffnun-

gen, Gängen und Durchlässen, Wegen und Schneisen quer durch die Sprache und damit eo ipso auch quer durch die Lebenswelt, die sich in dieser Sprache manifestiert; ferner ist es ein Drehen und Wenden von Worten, ein Entwerfen und Verwerfen von Wortnachbarschaften. Mit dem Wort „Gott" aber kann ich nicht hantieren wie mit allen anderen Worten, kann seine verschiedenen Namen nicht drehen und wenden wie alle anderen Namen, kann sie nicht in einen Bild- und Sprachentwurf einbauen, nicht nach rein lyrischen Gesetzen in eine Nachbarschaft und in einen Zusammenhang bringen mit anderen Namen und Worten. Deshalb – und nur deshalb – die scheu umschreibende Redeweise vom „Namenlosen", der über allen denkbaren Namen ist, alle Benennungen und Bedeutungen übersteigt.

III.

Gläubig?

Auf die skeptische Frage, ob und in welchem Sinne ich denn ein gläubiger Mensch sei, fallen mir als kurze und bündige Antwort immer wieder aufs Neue die folgenden vier Verse der österreichischen Dichterin Christine Busta ein:

Gläubig?
Nicht wie die Sicheren.
Aber hellhörig
für die Botschaft.

Die vorliegenden Gedichte wollen, zumindest streckenweise, Einübungen in diese sehr spezifische Art von Hellhörigkeit, von Empfänglichkeit sein, die ein Dasein im Glauben wohl nicht entbehren kann. Sie sind keiner bestimmten Theologie verpflichtet, und aller missionarische Eifer ist ihnen fern und fremd. Für Guardinis berühmte Schrift „Von heiligen Zeichen" und das apokryphe Thomas-Evangelium als Vor- und Grundlagen der ersten beiden Zyklen dieses Bandes entschied ich mich daher auch keineswegs aus programmatischen Gründen – ich habe mich rein intuitiv an sie angelehnt.

Guardini fesselt mich, der ich kein Theologe bin, vor allem durch seine Sprachkunst, durch die innere und äußere Spannweite und die Aufnahmefähigkeit seiner Sprache. Dass er ein geborener Poet war, wird für mich in allen Schriften, die ich von ihm kenne, offenkundig, nicht zuletzt in seiner Nachdichtung der Psalmen.

Das Thomas-Evangelium wiederum faszinierte und berührte mich bereits bei der ersten Begegnung vor etlichen Jahren und seither immer wieder durch die spröde und karge Schönheit der Jesus-Worte, die darin gesammelt sind, aber auch durch die große Bestimmtheit und Entschiedenheit, mit der es die Vorstellung vom Reich Gottes als einer unmittelbar gegenwärtigen Realität, die sich alle Tage vor unseren Augen ereignet, fokussiert und in den Vordergrund rückt. (Von den insgesamt 114 Logien, die es enthält, habe ich hier vor allem solche ausgewählt, zu denen sich in den vier synoptischen Evangelien keine wortwörtliche Entsprechung finden lässt.)

IV.

Salz, nicht Honig der Erde

Wenn die vorliegenden Gedichte auch von aller liturgischen Sprechweise und Textur weit entfernt sind, so verdanken sie ihr dennoch viel. Die katholische Liturgie hat in meinem Sprachverständnis, in meiner Art, Sprache zu verwenden, ohne Zweifel tiefe Spuren hinterlassen. Vor allem am Beispiel liturgischer Rede habe ich als Kind bereits eine Ahnung von Satzgefüge und Satzgefälle, vom Gewicht des gesprochenen und des gesungenen Wortes, von der Aura und Würde gebundener Rede empfangen. Auf dieser Basis und vor diesem Hintergrund habe ich mich, nach und nach und bis zum heutigen Tag nur in Ansätzen und Bruchstücken, mit der Weltsprache der Poesie vertraut gemacht. Die vorliegenden 33 „Umkreisungen" setzen, ihrer Form und ihrer Gestalt nach, beides voraus: die ungebrochene, nährende Kraft der Psalmenworte und die unerschöpfliche, unerreichbare Einfachheit der Evangelien zum einen, die Brechungen und das vielstrahlige Dunkel moderner Poesie zum andern. Die Verzweiflung hat an diesen Gedichten mindestens so viel Anteil wie der Glaube; manches von dem, was an ihnen schwebend leicht erscheinen mag, ging mir am schwersten von der Hand, und was an ihnen hell und klar und transparent wirken mag, musste erst durch viele Klärungen hindurchgehen.

In seinem berühmten „Tagebuch eines Landpfarrers" lässt Georges Bernanos den Pfarrer von Torcy als Vertreter eines maßvollen Glaubens und eines der Welt zugewandten Priestertums im Gespräch mit dem Ich-Erzähler, dem armen Pfarrer von Ambricourt, die folgenden Worte sagen:

„So wenig wie ein Mensch kann eine Christenheit von Leckerbissen leben. Der liebe Gott hat nicht gesagt, dass wir der Honig, sondern dass wir das Salz der Erde sind, mein Junge. Und unsere trübselige Welt voll von Wunden und Schwären gleicht dem alten Vater Hiob auf seinem Misthaufen. Salz auf die nackte, lebendige Haut, das brennt! Aber es verhindert auch die Fäulnis."

Aus diesen Worten ließe sich eine Poetik ableiten, eine Poetik, zu der die vorliegenden Gedichte, wie ich jedenfalls hoffe, bereits auf dem Weg sind. Denn auch sie wollen keine Leckerbissen sein, keine Bekenntnisse, die man leichtfertig in den Mund nimmt, um an ihnen einen vermeintlichen „Vor- oder Nachgeschmack des Glaubens" zu erkunden, sondern ganz im Gegenteil eine Wegzehrung: Brot und Salz in der Gestalt von Worten und Versen.

Inhalt

I. Wege und Zeichen *5*
   Das Kreuzzeichen *7*
   Die Hand *8*
   Das Knien *9*
   Das Schreiten oder Der Pilger *10*
   Die Stufen *12*
   Die Pforte *14*
   Die Glocken *16*
   Die Kerze *18*
   Die Flamme *19*
   Licht und Glut *20*
   Brot und Wein *22*

II. Der Menschensohn *25*

III. Umkreisungen des Namenlosen *45*

   Statt eines Nachworts:
   Kleiner Versuch einer Standortbestimmung *65*
   I. Gedicht und Gebet *67*
   II. Im Namen des Namenlosen? *69*
   III. Gläubig? *71*
   IV. Salz, nicht Honig der Erde *73*

Quellennachweis

Seite 4 und 15
aus: Romano Guardini, Von heiligen Zeichen,
Matthias-Grünewald-Verlag, Ostfildern,
7. Taschenbuchauflage 2008. Alle Autorenrechte
liegen bei der Katholischen Akademie in Bayern.

Seite 25
aus: Thomas Merton, Zwiesprache der Stille.
Herausgegeben von Jonathan Montaldo.
Aus dem Englischen übertragen von Lutz Kliche
© Patmos-Verlag der Schwabenverlag AG
(uspr. erschienen im Benziger Verlag), Ostfildern/
Düsseldorf 2002, S. 21

Seite 27 bis 43
Logien aus dem Thomas-Evangelium zitiert nach
der Ausgabe „Da gedachte ich der Perle. Thomas-
evangelium und Perlenlied" (Reihe Klassiker der
Meditation), eingeleitet und hrsg. von Otto Betz
und Tim Schramm, © Patmos-Verlag der Schwaben-
verlag AG, Ostfildern/Düsseldorf 2006, S. 53, 61,
62, 64, 65, 68, 69, 70 und 73

Seite 45
aus: Isaac Schreyer, Das Gold der Väter.
Gedichte, Bergland-Verlag Wien 1969, S. 43

Seite 71
aus: Christine Busta, Wenn du das Wappen
der Liebe malst, © Otto Müller Verlag,
3. Auflage, Salzburg 1995

Seite 74
aus: Georges Bernanos, Tagebuch eines
Landpfarrers, übersetzt von Jakob Hegner,
Johannes Verlag Einsiedeln, Freiburg,
2. Auflage 2009, S. 18

Christian Teissl,
geboren 1979, Studium
der Germanistik und Philosophie,
lebt als freier Schriftsteller in Graz.

Bibliografische Information der Deutschen Nationalbibliothek

Die Deutsche Nationalbibliothek verzeichnet diese Publikation
in der Deutschen Nationalbibliografie; detaillierte bibliografische
Daten sind im Internet über http://dnb.d-nb.de abrufbar.

© 2010 Echter Verlag GmbH, Würzburg
www.echter-verlag.de

Umschlag und Gestaltung
Peter Hellmund, Würzburg

Druck und Bindung
Druckerei Friedrich Pustet, Regensburg

ISBN 978-3-429-03222-7